POEMAS DE UN DISQUETE DE 3½"

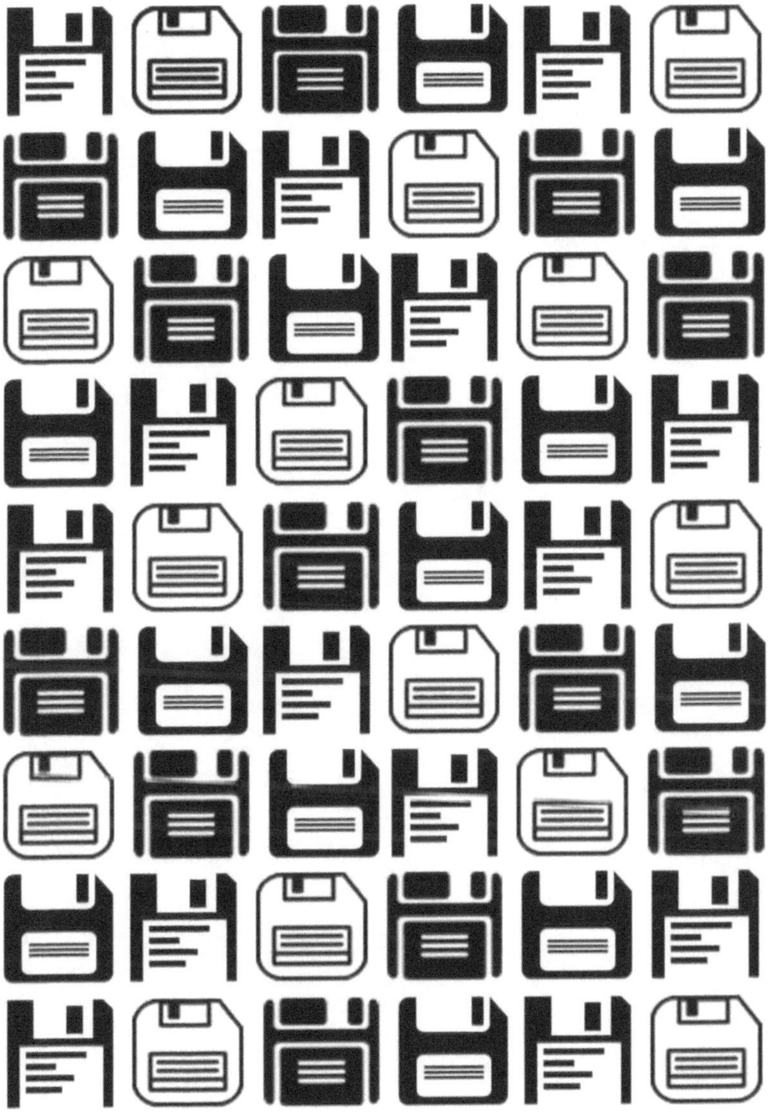

RODRIGO VILLALOBOS FAJARDO

TESTIGO
ediciones

Poemas de un disquete de 3½"

Rodrigo Villalobos Fajardo

Rodrigo Villalobos Fajardo
de esta edición:
2017, Editorial Testigo Ediciones.
17 avenida 2-53 zona 6, Guatemala, Guatemala.
   Teléfono: 5232-0174
   Sitio web: testigoedicionesgt.blogspot.com
   Correo electrónico: testigo.ediciones@gmail.com

ISBN: 978-9929-761-00-1
Impreso en Guatemala

Diseño
Portadas y contraportada: Bárbara Barrientos
Fotografías: Jorge Eduardo Imul

Edición
Rodrigo Villalobos Fajardo

Índice

*Dedicatoria y agradecimiento especial por hacer posible
cuanto soy y cuanto hago a Leslie Soledad López Santos.*

«Igual que el poeta que decide trabajar en un banco…»
-La Oreja de Van Gogh "Deseos de cosas imposibles".

La ilusión de tu imagen

Tus ojos de cristal
hacen de los dioses algo mortal;
tus cabellos dorados
parecen de hilo oro bordados;
tu sonrisa sincera
es de mi pasión una hoguera;
tu tez de delicado trazo
parece en un otoño el ocaso;
tú, eres perfecta en tu imperfección, tal cual eres,
como un atardecer de ensueño y sus lloveres…

Oportunidades

Esto que escribo no es mentira, es de verdad,
amigos, si lo leen, ya verán que es la realidad:
hace tiempo lo que tuve fue una oportunidad,
al pensar que ahora no la tengo, me da ansiedad,
ansiedad de que ahora me oculte tras una bella amistad,
que me pierda en sus recuerdos o en la oscuridad
o que sea ella quien me dé otra oportunidad.

A veces pienso, que su corazón mi prosa no alcanza,
pero ella me recuerda con gran perseverancia
que lo último que se pierde es la esperanza;
con mis gestos y movimientos, o alguna gracia,
poco a poco, la conseguiré para mí, con paciencia;
esperaré toda mi vida esa oportunidad con ansia.

...

Perdí ya una vez mi oportunidad de ser
el que entre sus brazos la pudo tener
pero hasta que se decida, mis rimas debo detener.

No solo es lluvia

Esta lluvia que cae tiene un mensaje que llevar,
me dirá si conmigo o con otro te vas a quedar;
todo es tiempo, tengo que esperar
y espero, porque eres la persona que me va a completar,
serás esa dama con la que siempre puedo contar;
si por ti todo, todo lo podría dejar.
En la lluvia confió que nada vaya a quedar
cuando de mi lado te vayas a alejar,
que ese mal trago sea más fácil de tomar,
pero que los buenos momentos contigo no vaya a olvidar.

No es solo lluvia porque te trae a mi lado;
estoy seguro que si hubiéramos estado
más tiempo juntos, más te hubiera amado
y más tiempo juntos hubiéramos deseado.
Le pido a la lluvia que, en veinte años aproximado,
de mí nunca te hayas olvidado,
aún cuando la lluvia todo lo haya cambiado.

Soy yo

Soy yo quien de ti se tiene que preocupar,
soy yo quien te tiene que consolar
cuando ya otro te ha de desilusionar,
soy yo quien te debe tranquilizar
cuando tu delicada salud se ha de alterar.
Aunque sé que eso podría no tanto llegarte a gustar
sabes que más conmigo que con otro puedes contar
y que más que cualquiera siempre te voy a amar.

¿Qué tienes?

¿Qué tienes, cariño?
¿Qué esconde tu nombre
cuando está junto al mío?

Sé que, aunque muchas veces
me interrogue a mí mismo,
solo descubriré una cosa que tienes:
mi amor para tus suspiros.

¿Qué tienes de distinto?
No veo poesía suficiente que alcance
con el tiempo tus labios de vino.

Hay tanto de ti en mi destino
que no sé cómo explicarme
ver todo lo que necesito y pido
proyectado en tu espléndida carne.

Tienes sobrado ese algo
entre lo sano y lo malo;
sueños que tras los años
te traen de vuelta a mis manos.

Atmósfera

Delirando por ausencias, alucinado
y de tu aliento muy alejado,
me fijé en obsesiva espera
lo que fuese una futura, perfecta atmósfera…

Habría un noche serena y hermosa,
que deje asomo al claro de una luna luminosa;
pido un mirador acogedor y amplio,
donde se despeje la ciudad en su brillo;
y, pido el calor de la vela por iluminación
con una pluma y hojas a disposición,
para describir tu compañía para mi inspiración…

Si lloviera

Si un poco más te quisiera,
en mi corazón, amor más no cupiera;
si más tiempo contigo estuviera,
incontable felicidad sobrada yo tuviera;
si un beso tuyo en mis labios hubiera,
pediría que, de gozo, ese momento no muriera;
si durante un mes, yo no comiera,
no sería tan malo, como si un día no te viera;
si yo no existiera…
Dime tú qué pasaría si yo no existiera…

Pero, cariño, si hoy lloviera,
certeza tienes que otro poema más, hoy te escribiera…

Poesía artística

He aprendido de todos un poco
y también de todo lo suficiente
para escribir y desahogarme lo suficiente
con mi vida y poesía poco a poco.

Unos me enseñan a sentir mi vida como quiero,
viviendo mi fantasía a su alrededor;
sabiendo que ese movimiento alrededor
de mi centro es lo que de la vida siempre quiero.

Ellos cuentan que la vida es amor,
que gira como suaves notas de música,
pero sé, que no es más que falsa música
esa máscara que por capricho adorna al amor.

Me apoyo en mí, en letras y en perdida lectura,
pues me llenan los ojos de nueva felicidad;
¡qué iluso y ansioso afán hay en esa felicidad!
Nada más que promesas tras alguna lectura.

Un lector a leer y yo, maldición a escribir,
ese es el destino que se dibuja en mi futuro,
solo y soñando un embellecido futuro
cuyo rostro nadie más se atreverá a escribir.

Despertar en pesadillas

Despertar en la sombra con alma
que se lleva cordura y locura
entre sueños de un espejo en la altura
que despiertan en un mar de calma.

Saberlo es un mejor sentimiento
que la intuición y presunción por tortura;
a las horas que no tienen predicción futura
solo queda llorarlas en arrepentimiento.

Sueños que mienten, sueños rotos
son pesadillas de un azar abierto;
inoportunos ratos son inoportunos desaciertos
pues se presentan a los desvendados ojos.

Si hoy amanezco con la mente en blanco,
soy yo quien seguro sigue dormido
y en pesadillas despierto está sumido;
esperaré salidas que con miedos viejos arranco.

Agonía

…

Agonía por ti, agonía sin ti,
amor por ti, amor únicamente a ti,
agonía por verte, agonía sin verte,
amor que no duele, es perfume que no huele…

Amor, ausencia y necesidad

Te amo, te extraño, te necesito
por ser la realidad de mi mito;
por tener el complemento de lo que quito,
te amo, te extraño, te necesito.

Te amo como no tienes idea,
te extraño aunque nadie lo crea,
te necesito cual forma sea,
pero aún no hay salida que mi amor vea…

Entrega

Para una dama: una rosa;
para una princesa: un diamante;
para una reina: una corona;
para una diosa: un cielo;
y para ti, Inspiración: mi amor humilde, sincero y eterno.

El mejor universo

Lo mejor de ti es el Sol de tu cabello,
las Estrellas de tus ojos
y la Luna de tu sonrisa,
por eso quiero estar en el Universo de tu vida
y formar parte de la constelación en tu cielo...

Calor

Calor no es una vela,
calor no es una fogata,
calor no es un sol,
porque calor es tu vida junto a la mía...

Me enseñaste

Me enseñaste a persistir ante todo
que el obstáculo se puede vencer
aunque la fuerza interior no se pueda ver,
mas te faltó enseñarme a ser fuerte de otro modo.

Me enseñaste a apreciar mi vivir
que la vida no tiene fin alguno
aunque amor solo exista uno,
mas te faltó enseñarme a vivir sin poderte escribir.

Me enseñaste a conocer el verdadero amor
que los sueños se pueden hacer reales
aunque existan en esta vida tantos males,
mas te faltó enseñarme adónde va el amor sin tu color.

El peor ocaso

Desesperadas tardes con tu sueño,
el café de tus labios dulces
se derrama en un desvelo sin suelo
y la lámpara de tus ojos baja y sube.

Vivo las tardes pretendiendo tu olvido
y sólo hallo el gris de una rutina,
cuando veo los poemas que para ti he sido
se baja el sol y me habla la luna cristalina.

Si se quema el jade de tu mirada
lograré dormir en los brazos de mi ocaso,
prometo tu cadera de mi mente dejar alejada
cuando por fin se apague el último faro.

Besos por preguntar

Ya te habrás olvidado de mí, quizá,
aun así, mi corazón necio pregunta por tus besos,
pregunta con insistencia e inocentemente,
mis lágrimas, en cambio, reclaman por tu olvido.

Hay tantos besos por preguntar,
besos que existieron pero que tú no sentías
cuando las tardes llovían y tus preguntas deseaba,
las preguntas que deseaba antes de un beso.

Mis labios dudan si pasó cerca tu placer,
no saben si otro te arrancaba el suspiro,
el suspiro de mis poemas en otra cara,
la cara del que ganó mi lugar ayer.

Existe la confusión de mis ojos,
los ojos que vivían de tu color y sueño,
el color esmeralda que yo adoraba antes de besar,
los besos que faltan por preguntar a tu boca.

Responde al frío que me acompañó cuando te fuiste,
contesta las llamadas del recuerdo de mis letras,
¿Por qué te fuiste y por qué volviste?
¿Qué abismo te arrastró sin despedir un beso que preguntó?

Eterna

Eternidad en la niebla de nuestra luna
cuando llueven las estrellas de una en una
con cada palabra de tu boca sin sonido,
irónico lo eterno de una noche con tanto ruido.

Quema el pensamiento de nuestro sentimiento
con solo ver el dorado de tu cabello al viento,
porque nadie concentra su vida en apasionarte
como yo lo intento al hablarte y besarte.

Eternidad al dejarte como mi amiga amada,
sabiendo que te tengo, pero de mis labios estás alejada
y me confunde el frío de tu verde amante
cuando lo clavas duro en mi mirada como diamante.

Después de tanto dolor en tu alma y cabeza,
a este corazón, tu futuro más que el mío le interesa,
mas amo tus abrazos de amistad, con serenidad eterna
como mi estrella en tus noches cuando se interna.

La diferencia la haces tú en cada mañana
sabiendo que volverás en una aurora cercana,
para llenar mis fantasías de ayer tan prometidas
como las olas al mar que por la arena son perseguidas.

Flores

Para una dama, una rosa;
para una princesa, un tulipán;
para una diosa, un clavel;
para la única mujer de mi vida,
cualquier flor…
si acepta mi segunda oportunidad,
por verdadero amor…

No me pediste

Antes, hacerlo debiste,
solo pensarlo pudiste:
darme lo que persiste
y ahorrarte lo que hiciste,
pues aún existe
el amor que me diste
y el que no me pediste.

Habítame

Juzgando a tu ausencia
me cansa esta paciencia,
pues la única ciencia
que rige mi conciencia
es la voz sin clemencia
que hace eco de prepotencia,
sin más violencia
que la de tu vivencia
en la mía,
sin lugar a penitencia.

Habítame en lo que silencia,
pero hazlo con influencia
para que duela menos mi carencia
de tus manos, de tu querencia;
libérame esta demencia
que llegó por ocurrencia
de tu partida entre dolencia,
para valer con inocencia
más que quien habita tu existencia.

Pasos que se restan

Ya tu lejanía es la mejor
de las mejores esperas,
en la retina de cada ventana
por las mañanas en ausencia
de tu aterciopelada flor
de boca cálida que todo intuye,
todo calma luego de mis sueños.

Tal vez sobren unos pasos
de esos lentos que se restan
para ser hiedra en huerto
de mi amor y ahogarme
como ahoga la lluvia
el llanto del mar turbio.

De esos pasos que interceptan
en nuestras miradas inertes
de espacio que no se tocan
por ser distintas y temerosas.
Ahora sobra esperar un tanto
y nos queda restar más pasos
o de lo contrario, mi amada,
¿cómo nos comeremos a besos?

Aliéntame a vivirte

Verte ligeramente, me cambia,
me envicia la mente, me atrae,
es una sensación distintiva;
verte, ¡a todo hombre distrae!

Quererte como te quiero,
este Amor hace más fuerte,
lo endulza verte, mi cielo;
¡me enloquece el solo tenerte!

Pensarte, así como lo hago,
me fortalece el sentimiento
de que a diario te satisfago;
¡besarte es mi alimento!

Atajo

Soy el camino más rápido
a una felicidad duradera,
el más fácil de los besos
que apartas cuando prisa llevas;
soy tu atajo, tu pretendiente,
el poeta menos pensado
que te enamora ahora
como hizo en el pasado.

Conmoción

Me siento tu distracción
entre toda esa expansión
de tu desamorosa atención;
soy tu café de mediodía,
el amante de tu dicotomía
que te enamora sin monotonía;
incluso he sido tu síntoma
de besos sin espacio ni coma;
yo, tu única Torre Eiffel en Roma.

Tu cuerpo emocionado aparecerá,
entre noches de luna nueva volverá,
lo besaré, pero mío nunca será.

—

Quizá sea la ternura con la que me ves
o el desprecio con el que me evitas,
a lo mejor sea el margen de tu corazón
el que limita mi plena conquista,
o es que prefieres vivir sin amor
del que te entrega su completa ilusión;
sin embargo, podría algo cambiar
el tacto intangible que te reservas para mí,
sería un cóctel de indiferencia adormecida
ascendiendo por mi alma furiosa,
la que te ofrezca el goce perfecto
de ser la mujer de mi predilecto.

Arena mojada

Serás mía como de ninguno,
la rima adecuada a la mía,
un exceso en cada verano,
mi melodía de cada invierno,
aquella dorada arena mojada
que cubre toda mi playa
y se desata bajo mi océano.

Serás mía y serás mi antojo,
el único verso en todo el poema
al que no renunciaría por nada,
mi anhelo matutino obsesivo,
el mínimo olvido de mis noches,
esa adornada marea femenina
que deja en deriva mis suspiros.

Serás mía cuando todos te pierdan,
serás este poema, amada mía,
serás el delirio de mi alma,
aunque te falte estar enamorada,
porque serás amiga y un poco más
para este loco escritor
que desnuda todo tu interés.

El poema que no te gustará

Apasionado cuarto de hora,
despiadado por besarte ahora;
no le he dado descanso
a los labios con que avanzo
sobre tu cuello entregado
a mis deseos de enamorado;
así te deslizo mis caricias,
así obtengo todas tus malicias;
en este momento de desahogo
para tus manos en ahogo,
ahogo pues un tanto aruñas
mi piel, con pasión que empuñas;
ahora que mi boca regresa
a tu boca, verás que pesa
más mi cuerpo sobre el tuyo
pues te recosté con arrullo
mientras descuidaste la vista,
y para lo que sigue no hay pista;
ahorita se te olvida todo,
la música, su volumen y el modo
en que te hacen suspirar
mis manos al hacerte girar,
pues te sobra el vestido
que perfumará el piso cuando te hayas ido.

Para que te quedaras conmigo

Cada vez que nos despedíamos
gastábamos muchas más caricias
que horas juntos en siete días,
¡qué bello cuando nos despedíamos!

Me alegraba tanto verte sin horario,
no habían reglas ni distracciones
para los detalles sin ocasiones
¡qué daría por estar hoy en tu horario!

Gozaba la espera de tu mirada
cuando atendías con un beso
la felicidad de amarme sin tropiezo
¡y qué deleite era tu mirada!

Rogaba por tenerte conmigo,
te tuve y recorrí tus miedos,
me gané todo, hasta tus denuedos
¡pero no bastó para que te quedaras conmigo!

Somos un divorcio

Somos un divorcio, cariño.
Somos un manojo de besos mutilados,
cómplices y acrónimos emparejados,
un eclipse de caricias traslapadas y perpendiculares.
Sí, un divorcio,
de esos a medias y remendados,
negados
entre miradas torturadas de cruel espera.
Somos divorcio,
uno de bienes mancomunados,
divorcio de distancias,
de llamadas deprisa colgadas.
Somos el divorcio sacado de un cajón llamado memoria.

¿Por qué no te lloraron mis ojos?

Ejercitaron mis dedos torrente
caudal sin reemplazo ni leve enredo,
palabras obra de mi mano y frente
que por ahora sin culpa te concedo:
¿por qué no lloraron mis ojos pena
como la que de nostalgia envenena?

Debió ser la pugna del desenfreno
en oposición al negado abrazo
o mi cuerpo de tu mentira lleno
lo que ocupó primero mi reemplazo,
ya que mis ojos por ti se secaron
cuando de perseguirte se cansaron.

Sepas bien que aún ya muertos y arrancados
no te lloraron mis ojos engañados
al saber que quien se quedó en ti no fui yo
sino la duda de si este poema es mío.

Stand by...

Tengo un domingo libre
en uno de mis bolsillos;
guardado en mi billetera,
se conserva intacto un café
para intercalarse con tus palabras;
hasta, hay un par de noches
colgadas en mi ropero
aún sin uso alguno.

Llevo añejas unas sábanas
que el estreno de tu calor corporal esperan;
conservo unos versos vírgenes
imperdibles para una mañana de lluvia;
incluso, me queda un bouquet
de coloridos aromas aterciopelados,
que espera tu voz para empezarse a secar.

¿Para cuándo el día, la hora y el lugar?

Dejaré de recordar que pensé olvidarte

No encontré jamás tu despedida,
me propuse no hablarte, callarme,
tú te propusiste sólo dejarme
y ninguno hizo su promesa cumplida.

Dejaré de recordar que pensé olvidarte
porque te divierte más este juego
de reencontrarnos para amarnos luego,
además, ya no resisto la idea de alejarte.

Lo que me queda por escribir acá
es un conjunto de verdades calladas
que esperan por tus escasas llamadas,

Pero como tu intensa memoria no me saca
decoraré el poema con un espacio vacío
y fingiré que tu boca a la mía silenció…

Amor de viernes

Preludio de ensueño con tez de perla
cantas vida y cantas presurosas lluvias
con sabor a almendra entre labios despedidos.

Me robaste los viernes desde que eres tú
aquel café en la antesala de mi final de semana.

Alma irremediable de espera,
mi camino danza terso del engaño al tiempo
cuando coincidimos en matinal cotidianidad.

Ya sabes hacer de mis intentos de amor
la emboscada de tus besos finales.

Ahora a cada intento de viernes
le acompaña tu austera ausencia para dos
en la misma mesita
con música de melancólico retorno a vos.

Garabatos de una niña grande

La niña grande no sabe qué pedir
pero opta por garabatos que a la distancia
dejan líneas entre líneas.
Un lenguaje articulado de coqueteos
e indirectas frenéticas
alimenta su fuego pasional por lo que desconoce.
Lo que no tiene lo quiere sin saber por qué.
La niña grande no sabe cómo pedir
porque cuando exige se siente egoísta,
porque cuando enmudece
cede el paso por horas a las malas terapias.
Sus garabatos con trazos cada vez más fuertes
ahora forman letras, lágrimas y otras rayas.
En otro papel que no es papel
mancha de maquillaje sus huellas cicatrizadas
y rehuye y reniega caprichosa
de un amor que discute que no es amor.
Sus travesuras le han costado caro:
una dosis de olor a sangre, a desencanto y a ira.
Mancha de café tres leches su boca
y de mentiras las que se topa
porque sus garabatos no alcanzan
los caramelos que muy alto están guardados.
Mi niña grande, mi niña tonta,
los caramelos se compran,
es atención lo que a ti te falta.

Tus berrinches buscan a alguien,
alguien que aunque no entienda tus garabatos,
siquiera de noche
y con voz alta
te los lea
cuando la blusa te desabroche...

«Si te quiero es porque sos
mi amor mi cómplice y todo
y en la calle codo a codo
somos mucho más que dos»
-Mario Benedetti "Te quiero".

Las formas adecuadas y las correctas

Ceñirte a un guión tu corazón no quiso,
se notaba al principio tu indecisión
pero accediste ante mi más caballerosa invitación,
se te notaba luego amante por compromiso.

Primero en el más alto albergue de cariño
estuvimos durmiendo en un falso cielo idealizado,
tú jugabas con este príncipe de papel creado,
con los besos en blanco y sin tinta en los guiños.

Ciegos y tontos creímos en un espejismo
de cosas que nos repetíamos con cada corazonada,
cuando la luz estaba tras las miradas:
otro hombre supo darte más y mejor de lo mismo.

Fragmentos

Por si acaso algo de tu dulzura se suelta,
no pongas importancia al eco de mis manos,
tan sedientas de alcanzar las sobras de tu encanto.

Consideraciones sobre tu reemplazo

Tú no sabes cuánto he hecho
por llevarme a la boca
todas aquellas sobras de amorío,
soterradas hoy por el tiempo.

Pero aunque te encuentre reemplazo
nadie supliría del todo
tus paredes lujuriosas
o tus corazonadas rebuscadas.

En los vacíos hondos
donde me has ahogado de olvido,
sé que existe por quién cambiarte,
pero tampoco quiero encontrarle.

He reemplazado los manteles blancos,
las paredes altas y los mares silenciosos,
te he cambiado tantas veces
que reemplazarte me reemplaza a mí.

No hallo quién haga lo que tú hacías,
sencilla y tristemente
porque con rotunda negación
mantengo mal reemplazada tu imagen.

Te hago de vileza o santidad,
pero ni logro desaparecerte ni merecerte,
y te sigo haciendo arte
aún cuando ni recuerdo tu rostro.

Pero reemplazo te intento seguir buscando:
ya me propuse alguien mejor que tú
aunque solo he obtenido a cambio
hacerte con mi pluma un nuevo retrato.

Tus besos definen

Difieren siempre tu boca con tus besos
porque crees que me daña tu incertidumbre,
cuando en realidad ya es una costumbre
preguntarnos cómo terminar este amor ilesos.

Ofrecimientos

Puede haber café entre tus dedos
cordones en tus zapatos,
hasta poesía en tus libros.
Puede haber tranquilidad en tu vida,
sueño contra tu almohada
y agua sobre tu piel.

Vas a encontrar coral en tus ojos,
varias ciudades bajo tus pies
con lágrimas sin dolor.
Vas a encontrar una vida tan nueva,
algo de leche en tu cereal
y amor de mejor color.

Tendrás tangos abrazando tus tacones
y como basta arena en los poros,
lentos besos sin razones.
Tendrás muchos inviernos y veranos,
breves recuerdos bien empapados
de un perfume para canciones.

Será tuya la hermosura
que perdura sin arruga,
porque tú ya eres luna.

Alegría te depara
el destino en la mañana
cuando llegue el sol por la ventana.

Reflexión para que regreses a mí

No eres indispensable para mí,
pero no es tarde para que lo seas;
no eres el remedio que me recetaron,
pero no es tan malo que trates de curarme;
no eres la amante más dedicada,
pero no busco más de lo que ya eres;
no eres tan sincera como esperaría,
pero al menos sabes cómo mentirme.

Tú simplemente no eres para mí,
no eres paz, ni luz, ni amor;
eres hiel, hermosa pero hiel,
eres de otro y me dices que eres fiel;
eres libre, eres mía y eres de él,
no me quieres, ni lo quieres, ¡eres mujer!
Quieres vivir un sueño, una noche en París,
tres martinis y todo un libro para ti.

Fuiste mía más que de cualquiera,
una entera ráfaga que alienta;
eras pura, eras fría pero muy pura,
me dejaste y te hiciste una aventura;
ya jugaste y aún no aprendes,
que para ser feliz aún te sobran años;
aún te quedan mis dos brazos,
cuatro paredes, mil recuerdos y estos besos/versos.

«Y es que empiezo a pensar
que el amor verdadero es tan solo el primero
y que empiezo a sospechar
que los demás, son solo para olvidar»
-La Oreja de Van Gogh "Rosas".

Del libro escrito...

Publicar a un escritor de quince años de edad es casi impensable. De cualquier manera he decidido dejar huellas diez años después de un proceso literario de inicios autodidácticos y experimentación. La poesía después de todo responde a la necesidad humana de comunicar de una manera original y distinta. Es esta necesidad la que desata el torrente de palabras hiladas acá escritas.

La referencia del título *Poemas de un disquete de 3½"* reside en la época en que almacenaba mis textos en estas unidades. Más de una vez tuve algún problema con la cinta magnética que guardaba la información o con el lector de la misma, pero se conservan casi íntegras las mismas letras de aquellos días.

Como no podría ser de otra manera, uno como poeta se nutre de sus experiencias y para un joven adolescente el amor es el motor vital de sus acciones. Las manifestaciones distintas que el amor matiza son a veces las mejores razones para el arte.

Sé reconocer que hallé en mi primer etapa poética mucha influencia de autores como Jorge Luis Borges, Mario Benedetti y hasta de la música de Calle 13. Pero el ejercicio poético y la lectura se volvían cada vez más críticos. Así conocí autores como Gustavo Adolfo Bécquer y Dante Alighieri. Luego, con los años, profundicé en mis estudios literarios sobre retórica, estructura y contenido poético. De a poco me acerqué a los textos más contemporáneos y me adentré en la vorágine de la versificación libre.

Existe en mi imaginario también la idea de un disco compacto de música: ese formato que contiene una lista de canciones que brilla en su encanto por sí misma, cuando al final de las pistas regulares se incluye un grupo pequeño de *bonustracks* que le dan un valor agregado al álbum entero sin dañar la integridad de lo que ya oíste. Esa idea aclara la construcción del poemario no solo de manera cronológica sino con una variante de versos que no pensé que verían la luz y que merecen estar acá.

Este conjunto de versos no solo demuestra mi evolución como escritor; a su vez, es un vitral que irrumpe en los umbrales de la tradición literaria nacional. Mi oficio no es solo el de banquero, estudiante o herrero, mi oficio es aportar de alguna manera al lector un rato de contemplación de la realidad distinta de la que siempre lo hace, con la ayuda del lenguaje que empleamos a diario.

Por último, quisiera citar a la filósofa española María Zambrano en su ensayo *Filosofía y poesía* respecto a la expectativa del ejercicio de la poesía: «*…la poesía es huida y busca, requerimiento y espanto; un ir y volver, un llamar para rehuir; una angustia sin límites y un amor extendido. Ni concentrarse puede en los orígenes, porque ya ama el mundo y sus criaturas y no descansará hasta que todo con él se haya reintegrado a los orígenes. Amor de hijo, de amante. Y amor también de hermano (…) la pura victoria del amor.*» Con esto intento compartir un poco de la búsqueda personal que tengo como escritor, en un espacio casi extinto: la poesía.

Rodrigo Villalobos Fajardo

Rodrigo Villalobos Fajardo

Nacido en Ciudad de Guatemala el 16 de febrero de 1992, es el mayor de tres hijos, estudió su primaria en la Escuela Josefina Alonzo anexa al Colegio San Sebastián y sus básicos en el Instituto PEMEM II de la zona 1, donde se inició en la literatura, siguiendo de cerca autores como Mario Benedetti, Jorge Luis Borges, Dante Alighieri y Gustavo Adolfo Bécquer. En el 2008 continuó sus estudios de diversificado en el Instituto Nacional de Bachillerato en Computación donde siguió explotando su interés por la literatura. Para el 2011 siendo estudiante de universitario de Ingeniería en Sistemas y continuando su proceso de autoaprendizaje literario hace público su blog *Poesía Tenue Y Tinta Para Amar*, donde expone poemas, cuentos y ensayos de su autoría. Fue uno de los autores antologados en una colección de poesía contemporánea a cargo del Departamento de Letras de la Facultad de Humanidades de la Universidad de San Carlos, figurando así en la publicación *Frente al silencio -Poesía-* del año 2014. En la actualidad es estudiante de la Licenciatura en Letras de la Universidad de San Carlos de Guatemala, forma parte del colectivo *Testosterona Literaria* y dirige la editorial que lleva el nombre de *Testigo Ediciones*.

Exordio: Villalobos y el arquetipo del poeta

«La poesía no es para los cobardes. La escriben, o la viven, solo aquellos que han tenido el coraje de tocar sus más profundas cavernas y encontrar más allá de la sensibilidad y la estética, la forma más genuina de sus poemas. Nadie gana batallas en la superficie, por eso escribir, es una lucha contra el yo más profundo en la que de salir ganador significaría la consumación de su obra en algo tangible no para los ojos, sino para la búsqueda de la belleza.»

Eso es *Poemas de un disquete de 3 ½"*, el resultado de una búsqueda incansable, acaso por lo deseos más inherentes o una formulación del arquetipo del poeta que Rodrigo Villalobos expande en un libro –muy extenso- en el que deja constancia de su evolución y trabajo en su oficio de poeta. Desde aquel ambicioso joven de quince años que soñaba con ser un buen escritor para llegar a una edad muy madura en el que la vida se entrelaza entre la mortalidad de vivir en la rutina de una ciudad capitalina y la expansión de la conciencia que propone la exploración incansable del poema.

Este viaje que ha emprendido, y que nos invita a hacer este libro, encuentra su cauce en una historia de amor que acaso no tiene fin porque la misma poesía es infinita. La historia que propone desde su primera etapa como poeta se ve evolucionada con la llegada de un Rodrigo Villalobos más estético y profundo, más sublime y tentador, que no abandona la idealización de la mujer y que le sobrevive al igual que la íntima relación con su parte más frágil pero a la vez la más aguerrida: un alma enamorada que más allá de la fiebre de sus primeros días, es un alma fortalecida por el ir y venir de su poesía como eterna acompañante en su vida.

Durante el libro llama la atención el hecho de que es un espejo no solo del autor, sino de todos los poetas, pues en él se puede desentrañar, como si fuera un análisis, como el artista va cambiando de forma conforme la experiencia se llega a posar en sus vivencias, para llegar a una conclusión, breve, simple y potente donde se pueden reunir todos estos años de lucha, tal como lo suponen los últimos poemas y el *Bonustracks* que si bien viene a representar el final del disco, es también un comienzo a una carrera literaria que promete, que ya es fuerte y que a pesar de todo, está comprometida con desgranar, uno por uno si fuera necesario, todos los días, todas las noches, todos los amores y los vientos en contra.

La búsqueda de este poeta se desenvuelve en terrenos del cielo, inalcanzable ya, por la dureza de su retórica y por la fragilidad de sus versos. *Poemas de un disquete de 3 ½"*, es un libro que debe de ser leído por aquellos que buscan consuelo, pasión, belleza, pero sobre todo, un alma genuina que no tiene miedo de mostrarse desnuda.

José J. Guzmán
Los Altos, Junio de 2,017

La presente edición de *Poemas de un disquete de 3½"* fue impresa en los talleres gráficos de editorial Testigo Ediciones, en junio de 2017.
La edición consta de 300 ejemplares en papel bond beige 80 gramos.